“OLHE ATRAVÉS DA JANELA A LUZ DAS ESTRELAS” – DISSE O PAPAI PARA O BEBÊ-URSO.
“TODOS LÁ FORA ESTÃO SE AJEITANDO PARA IR DORMIR.”

LÁ NO MEIO DO CAMPO,
CAMINHA UM RATINHO CANSADO.
ELE NÃO VÊ A HORA DE CHEGAR EM CASA
E ENCONTRAR A SUA FAMÍLIA.

PERTO DO RIACHO, UM PEQUENO
CERVO PARECE ESTAR COM SONO.
“VENHA CÁ, MEU FILHINHO” – DIZ A MAMÃE.
“JÁ É HORA DE VOCÊ ESTAR NA CAMA”.

EM SUA TOCA, OS COELHINHOS
ESTÃO DEITADOS SOB A LUZ DO LUAR.
“É HORA DE DORMIR” – DIZ O PAPAI.
“TENHAM BONS SONHOS.”

DA COLMEIA VEM O ZUMBIDO DE ABELHAS SONOLENTAS. TAMBÉM SE PODE VER AS TOPEIRAS ENTRANDO EM SEUS BURACOS DEBAIXO DAS ÁRVORES.

AO LADO DO LAGO CINTILANTE,
OS PATINHOS SE DEITAM PERTO DA MAMÃE.
“DURMA BEM PEQUENINOS.” – DIZ ELA.
“AMANHÃ É UM NOVO DIA”.

NO CURRAL, O CAVALINHO FAZ CARINHO EM SUA MAMÃE. ELA RETRIBUI, ACONCHEGANDO A CABEÇA DELE PERTO DE SUA BARRIGA.

TRANQUILAMENTE, OS OURIÇOS CAMINHAM NO JARDIM DE VOLTA PARA CASA. HOJE FOI UM DIA DIVERTIDO, MAS ELES PRECISAM DESCANSAR.

DENTRO DO QUARTO,
HÁ UM URSINHO MUITO CANSADO
E QUE ESTÁ PEDINDO UM
BEIJO DO SEU PAPAI.

AGORA ELE ESTÁ DORMINDO PROFUNDAMENTE SOB A LUZ DAS ESTRELAS.

O SEU PAI O BEIJA COM CARINHO E BAIXINHO, DIZ: “BOA NOITE”.